Werner Färber

Total klasse!
Kopfüber in die Meisterschaft

Total klasse!

Werner Färber

Kopfüber in die Meisterschaft

Mit Bildern von Elisabeth Holzhausen

Hase und Igel®

Für Lehrkräfte gibt es zu diesem Buch
ausführliches Begleitmaterial beim Hase und Igel Verlag.

Weitere Bände dieser Reihe:
Total klasse! Die 3a unter Verdacht
Total klasse! Klassenfahrt mit Stolpersteinen
Total klasse! Auf dem Schulweg erpresst

Informationen zum Autor Werner Färber
gibt es unter www.wernerfaerber.de

Dieses Buch erschien erstmals 2003 bei arsEdition, München.
Es wurde für diese Schulausgabe in Absprache mit dem Autor überarbeitet.

www.hase-und-igel.de
Die Schreibweise folgt den Regeln der neuen Rechtschreibung.
Coverentwurf und Reihensignet: Margit Kick
Druck: Himmer AG, Augsburg

ISBN 978-3-86760-108-5
1. Auflage 2009

1. Kapitel

Zum Kreischen!

„Guten Morgen", begrüßt Frau Besenbinder die Klasse 3a und stellt ihre Tasche auf den Tisch. „Machen wir heute keine Montagsrunde?"

„Doch!" – „Natürlich!", rufen die Kinder. Rumpelnd und klappernd bilden sie einen Stuhlkreis. Wie jeden Montag soll zum Auftakt der Woche erst einmal die Räuberpuppe Ronja von einem Kind zum nächsten wandern. Wer das Klassenmaskottchen in Händen hält, darf vom Wochenende berichten. Damit alle zu Wort kommen, achtet ein Kind darauf, dass niemand länger als 30 Sekunden redet. Darüber hinaus gibt es nur noch eine Regel: Jedes Kind muss wenigstens einen Satz sagen.

„Da fehlen doch noch welche", bemerkt die Lehrerin, als endlich Ruhe herrscht.

„Leo", antwortet Pia.

„Und Dragan!", ruft Anton.

„Yvonne ist auch noch nicht da", meldet sich Corinna.

„Kommen neuerdings alle, wann sie Lust haben?“, fragt die Lehrerin in ungewohnt scharfem Ton. „Allmählich geht mir diese Bummelei auf die Nerven.“

„Letztes Schuljahr war um diese Zeit gerade mal die Hälfte da“, sagt Ulli.

Frau Besenbinder verdreht die Augen. „Soll ich jetzt auch noch froh sein, dass es mir weniger schlecht geht als meiner Vorgängerin?“

Die Kinder blicken betreten zu Boden. Sie können kaum glauben, dass ihre fast immer gut gelaunte Besi sauer ist.

„Fangen wir an“, geht die Lehrerin zur Tagesordnung über. „Wer stoppt heute die Zeit?“

„Ich“, sagt Ulli.

„Und wo steckt unser Maskottchen?“, fragt Besi nach der Räuberpuppe Ronja, die für gewöhnlich auf ihrem Tisch sitzt. Aber dort ist sie nicht.

Die Kinder sehen sich suchend um. Ilona fängt an zu kichern.

„Was ist denn so komisch?“, fragt die Lehrerin verwundert.

„Ronja kommt wohl auch zu spät“, antwortet Ilona.

Mit gespreizten Fingern hebt Frau Besenbinder ihre Hände und kreischt. Zwar nur ganz kurz, aber dafür schrill und laut. „Jetzt kommt sogar schon unser Klassenmaskottchen zu spät."

„Ronja kann nichts dafür", verteidigt Pia die Puppe, als handle es sich um eine Mitschülerin. „Ihr Arm war abgerissen. Leo hat sie mitgenommen, um sie zu verarzten."

Frau Besenbinder nickt. „Das nenne ich endlich mal eine gute Entschuldigung." Bevor sie noch etwas sagen kann, treten Leo, Dragan und Yvonne im Gänsemarsch ins Zimmer.

„Ich hatte Ronja vergessen und musste noch mal nach Hause", sagt Leo und hält die von ihm geheilte Puppe hoch.

Auch mit seiner Begründung scheint die Lehrerin zufrieden zu sein. „Woran hat es bei dir gelegen?", fragt sie Dragan.

„Mann, ey, ich kann echt nix dafür", verteidigt er sich. „Ich wäre sowas von pünktlich gewesen, ey."

„Und was hat dich in allerletzter Sekunde abgehalten – ey, Mann, ey?", macht Besi ihren Schüler nach.

Dragan begreift nicht, weshalb die anderen lachen. „Was denn, ey? Der Paketmann hatte so eine große Kiste vor der Nase und deshalb den Weg nicht gepeilt. Ich hab ihn zum Sekretariat geführt."

„Was war drin?", ruft Ulli.

„Frau Weiß, wer sonst?", erwidert Dragan.

„Nicht im Sekretariat, Mann", sagt Ulli. „Ich will wissen, was in der Kiste war!"

Dragan hebt ratlos die Hände. „Bin ich Prophet oder was?"

„Wieso Prophet?", fragt Anton verwundert.

„Wenn Dragan Prophet wäre", hilft Qadir ihm auf die Sprünge, „könnte er vielleicht durch die Pappe kucken."

Dragan nickt. „Genau, ey – außen stand *Sportversand* drauf."

Die Lehrerin wendet sich an Yvonne. „Ist deine Entschuldigung auch so originell?"

„Verschlafen", antwortet Yvonne knapp und rückt ihren Stuhl in den Kreis.

„In Zukunft seid ihr bitte pünktlich", schließt Besi das Thema für heute ab.

Leo darf als Erster vom Wochenende berichten. Er war mit seinen Eltern im Kino. „Am Schluss wurde der Hausmeister in einen Keller mit Spinnen und fetten Ratten gesperrt. So was müssen wir mit unserem auch mal machen."

Die Kinder stimmen lachend zu. Auch die Lehrerin kann sich ein Schmunzeln nicht verkneifen. Der Hausmeister der Mühlbergschule ist wahrhaftig ein Fall für sich.

„Zeit vorbei", sagt Ulli. „Ich bin dran."

„Ich hab noch gar nicht erzählt, dass wir nächsten Sonntag in den Safaripark gehen", sagt Leo. „Da laufen die Löwen frei herum und die Giraffen …"

„Über den Safaripark informierst du uns nächste Woche", fällt ihm Besi ins Wort.

Leicht geknickt gibt Leo Ronja weiter.

„Ich war mit Papa zweimal im Schwimmbad", erzählt Ulli als Nächster. „Wir haben richtig trainiert. Papa gegen seinen Bauch und ich auf Tempo. Ich schaff die 25 Meter Kraul jetzt unter 22

Sekunden. Wenn mein Muskelkater weg ist, drück ich meinen Rekord bestimmt unter 21.“ Ein Blick auf die Uhr sagt ihm, dass er auch seinen Bericht vorbildlich schnell abgeliefert hat.

„Total klasse, Mann!“ – „Die Staffel gewinnen wir!“ – „Ulli, das Kraulmonster!“, geht es durcheinander. Die Kinder der 3a sind vom Schwimmfieber angesteckt. Etwa sieben bis acht von ihnen haben Chancen, bei den Stadtmeisterschaften für ihre Schule zu starten.

Ulli genießt für einen Moment die Anerkennung und gibt die Räuberpuppe dann an Yvonne weiter. Sie ist die beste Schwimmerin der ganzen Schule.

Yvonne nimmt Ronja mit gleichgültiger Miene, dreht sie ein paarmal hin und her, zuckt mit den Schultern und hält sie wortlos ihrer Nachbarin hin.

Corinna zögert. „Willst du nichts erzählen?“

Yvonne gehört zwar nicht zu den Plaudertaschen der Klasse, dass sie gar nichts sagt, ist aber auch nicht normal.

„Wenigstens einen Satz, Yvonne“, fordert Frau Besenbinder.

„Bei mir war nichts los.“ Damit hat sie den Pflichtsatz gesagt und legt Corinna die Puppe in den Schoß.

Corinna ist so überrascht, dass sie nicht mehr weiß, was sie erzählen wollte.

„Zeit läuft.“ – „Mach schon, du Schnarchnase!“ – „Ich schlaf gleich ein!“ – „Kann man die nicht weiterzappen?“, maulen die anderen.

„Ich war auf einem Reiterhof …“, fängt Corinna endlich an.

„Mädchenkram!“, ruft Zacharias genervt dazwischen.

„Halt du doch mal die Klappe!“, weist ihn Ulli zurecht.

Corinna erzählt unbeirrt weiter, bis sie die Puppe Dragan überreicht. Der berichtet, dass er mit seinem großen Bruder übers Wochenende ganz allein zu Hause war. „Ey, Mann, wir haben zwei Tage lang nur selbst gemachtes Popcorn gefuttert. Die erste Portion mussten wir vom Fußboden essen, weil kein Deckel auf dem Topf war.“

Dragans Popcorn-Geschichte bringt endlich Schwung in den Montagskreis. So macht den Kindern die Runde Spaß.

In der großen Pause findet Corinna ihre Freundin ganz allein in der entlegensten Ecke des Schulhofs. „Wieso wolltest du heute nichts erzählen?“, fragt Corinna.

„Weil eben nichts Besonderes war“, erwidert Yvonne.

Corinna lacht. „Popcorn vom Fußboden essen ist auch nicht gerade der Hit. – Du hast doch was."

„Gar nichts hab ich", sagt Yvonne in Richtung Rasen.

Corinna glaubt ihr nicht. „Na?", fragt sie aufmunternd, als Yvonne endlich den Blick hebt.

Im selben Moment kommen Leo, Ralf und Ulli angerannt. „Los, beeilt euch!", rufen sie. „Die neuen Badekappen sind da! Dicky hat eine aufgesetzt und sieht aus, als hätte er eine rote Glatze!"

„Ach, diese blöden Dinger", sagt Yvonne gedehnt.

Schulleiter Dieckmann hat für das Wettschwimmen vierzig Badekappen mit dem Aufdruck *Mühlbergdelfine* bestellt. Angeblich soll man mit solchen Gummihauben schneller schwimmen, weil das Wasser besser am Kopf vorbeifließt.

„Dicky mit Glatze?", fragt Corinna. „Das will ich sehen."

Yvonne scheint die Begeisterung nicht zu teilen. Sie kann diese Badekappen sowieso nicht ausstehen. Beim Aufsetzen und Abziehen reißt man sich immer Haare aus und an den Ohren zwicken sie auch. „Muss aufs Klo."

„Beeil dich“, fordert Corinna sie auf. „Wenn Dicky den Kasper macht, wird's immer lustig.“

Noch bevor Corinna und die Jungs den vorderen Teil des Schulhofs erreichen, schallt ihnen ein stimmgewaltiger Chor der Anfeuerung entgegen. „Dicky! Dicky! Dicky!“, tönt es aus zahlreichen Kehlen.

Der Schulleiter lässt es sich gefallen und verfolgt mit gespielter Tapsigkeit Frau Schmidt-Pöhlmann, eine ältere Lehrerin, die zweimal die Woche Textiles Gestalten gibt. Herr Dieckmann will sie offenbar dazu bewegen, eine der roten Badekappen aufzusetzen. Aus Sorge um ihre Frisur, die wie immer mit Haarspray zementiert ist, flieht Frau Schmidt-Pöhlmann im Slalom um die Kinder. Bei dieser Jagd prallt der Schulleiter beinahe mit dem Hausmeister zusammen.

Angelockt vom Lärm ist Herr Pelzig aus seiner Glaskabine gekommen, um nach dem Rechten zu sehen. Mit solchen Scherzen weiß Putzig, wie er fast immer genannt wird, nichts anzufangen.

„Wie wär's, Herr Pelzig?“, fragt Herr Dieckmann gut gelaunt. „Wollen Sie auch eine Bademütze anprobieren?“

„Voll krass“, raunt Ulli.

„Wieso nicht cool?“, fragt Ralf verwundert, weil Ulli nicht sein Lieblingswort benutzt hat.

Ulli tippt sich an die Stirn. „Auf welchem Planeten lebst du? Cool ist voll out.“

Der Hausmeister holt Luft, um Herrn Dieckmann zu antworten, schüttelt dann aber nur den Kopf und stapft davon. Hinter seinem Rücken macht der Schulleiter eine Geste, als würde er Herrn Pelzigs Unmut aufrichtig bedauern. Zu schade, dass die Pause in diesem Moment zu Ende geht.

Corinna sieht sich nach ihrer Freundin um. Keine Spur von Yvonne. Sie hat die lustige Einlage des Schulleiters leider verpasst.

2. Kapitel

Ulli legt den Turbo ein

In der Schwimm-AG am Dienstagnachmittag wird entschieden, wer die Schule in welchem Wettbewerb vertreten darf. Bei den Stadtmeisterschaften starten Jungen und Mädchen jeweils in drei Altersstufen in zwei unterschiedlichen Disziplinen: 25 Meter Kraul und 25 Meter Brust. Den krönenden Abschluss der Wettkämpfe bilden die Staffeln. Jeweils zwei Jungen und zwei Mädchen schwimmen 4 x 25 Meter Kraul und 4 x 25 Meter Brust.

Im Umkleideraum der Jungen protzen die Viertklässler mit ihren Muckis. Selbstverliebt posieren sie vor den großen Spiegeln.

„Seht euch Ronald an“, kommentiert Qadir das Gegockel. „Sein Bizeps ist dick wie eine Erbse.“

Mit zwei Schritten steht Ronald vor ihm. „Ich geb dir gleich eine Erbse.“

„Jetzt bekomm ich aber Angst“, sagt Qadir und geht nicht weiter auf die Drohung ein. Er wendet sich an Ulli, der neben ihm auf der Bank sitzt. „Wirst du heute noch fertig?“

„Mach mich bloß nicht an“, presst Ulli gequält hervor. „Geht nicht schneller.“

„Wieso? Was ist denn?“, fragt Qadir.

Ulli sieht ihn missmutig an. „Muskelkater. Kann froh sein, wenn ich 25 Sekunden schaffe.“

„Echt?“, fragt Qadir besorgt. „Mach keinen Scheiß. Wenn du so lahm bist, kommt Ralf nicht in die Mannschaft.“

Die aus der 4b prahlen, dass ihre Klasse sowieso die meisten Starter stellen wird. Nichts anderes haben Ulli und Qadir bezweckt. Das Gespräch über Ullis Muskelkater war einstudiert. Die Vierer sollen sich in Sicherheit wiegen.

Qadir hat seinen Platz im Brustschwimmen sicher. Ob er es auch in die Staffel schafft, ist offen. In dieser Disziplin sind die Jungen der 4b nicht zu unterschätzen, zum Beispiel Leos Bruder Lars. Nach seinem Sondertraining hat Ulli beste Chancen, sich in die Altersstufe der Viertklässler zu kraulen. Wenn ihm das gelingt, wird in seinem eigenen Jahrgang ein Platz für Ralf frei. Klar, dass Ulli alles tun wird, um seinen Freund ins Team zu holen. Mit besonderem Genuss würde er ganz nebenbei einem der Protzköpfe aus der 4b den Start vermasseln.

Bei den Mädchen dürften Stefanie im Kraulen und Pia über 25 Meter Brust in ihren jeweiligen Altersstufen locker in die Mannschaft kommen. Als Schulbeste startet Yvonne sowohl in Brust als auch in Kraul beim ältesten Jahrgang, obwohl sie noch bei den Jüngeren schwimmen dürfte. Auch ihre Teilnahme in der Kraulstaffel steht außer Frage.

Das Schwimmtalent hat Yvonne vermutlich von ihrem Vater. Der war mehrfach deutscher Staffelmeister im Freistil. Ihre Superzeiten beruhen jedoch nicht nur auf Talent. Sie hängt sich auch im Training immer mächtig rein. Wenn andere vor Erschöpfung fast untergehen, zieht Yvonne noch ein paar Bahnen extra.

Im Gegensatz zu ihrer schnellen Freundin muss Corinna aufgrund ihres Geburtsdatums im ältesten Jahrgang antreten. Sie muss sich ihren Startplatz im Brustschwimmen erst noch erkämpfen.

Mit überlegenem Lächeln beobachtet Tonja im Umkleideraum der Mädchen, wie Yvonne ihren Bikini anzieht.

„Ist was?“, fährt Yvonne das Mädchen aus der 4b an.

„Das sieht Herr Gerhard aber gar nicht gern“, meint Tonja unschuldig.

„Geht's dich was an?“, erwidert Yvonne.

„Blas dich bloß nicht so auf“, wird Tonja von ihrer Freundin Dana unterstützt. „Was glaubst du, wie traurig ich bin, wenn dich Herr Gerhard gleich wieder nach Hause schickt?“

„Hört auf herumzugiften“, mischt Corinna sich ein. „Ihr seid doch bloß neidisch, weil euch Yvonne selbst mit zusammengebundenen Beinen noch abhängen würde.“

„Püh“, machen die älteren Mädchen und verschwinden unter die Duschen.

Fünf Minuten später spricht Herr Gerhard Yvonne tatsächlich wegen ihrer Badebekleidung an. Der Grund liegt auf der Hand: Erst neulich rutschte einem Jungen beim Startsprung die Hose herunter und trieb auf der Wasseroberfläche. Solche Peinlichkeiten sind mit einem Bikini natürlich auch möglich. Selbst wenn die Hose nicht ganz verloren geht oder nur das Oberteil etwas verrutscht, kostet umständliches Zurechtzupfen der Kleidung beim Wettschwimmen wertvolle Zeit.

„Tut mir leid“, sagt Yvonne. „Meine Mama hat den Badeanzug in die Waschmaschine gesteckt, bevor ich losmusste.“

„Nächstes Mal will ich dich wieder im Badeanzug sehen“, sagt Herr Gerhard mit hochgezogenen Augenbrauen.

„Ja, klar“, erwidert Yvonne leise, ohne aufzublicken.

„Was erzählst du denn?“, fragt Corinna ihre Freundin auf dem Weg zum Start. „Deine Mama ist doch mittags gar nicht zu Hause.“

„Sei still“, zischt Yvonne. In Wahrheit hat sie nämlich keine Ahnung, wo ihr Stoffbeutel mit dem Badeanzug und den Schwimmsachen sein könnte. Sie hält mit der linken Hand ihre Hose fest, mit der rechten das Oberteil und springt kopfüber ins Becken. Selbst im Bikini findet Yvonne ihren Kraulrhythmus viel schneller als alle anderen.

Nach dem Einschwimmen stoppt Herr Gerhard die Zeiten. Weil er nur zwei Uhren bedienen kann, starten die Kinder paarweise. Erst sind die Ältesten dran. Die Vierer sind gut in Form. Mit 21,2 Sekunden stellt Ronald im Kraulen einen neuen persönlichen Rekord auf.

„Pech gehabt", kommentiert Ralf Ronalds Leistung. Er glaubt nicht, dass Ulli diese Zeit unterbieten kann, nimmt sich aber dennoch vor, sein Bestes zu geben.

„Auf die Plätze", fordert Herr Gerhard die beiden Freunde auf die Startblöcke. „Fertig – los!"

Yvonne, Qadir, Stefanie, Pia, Corinna und Tina brüllen, was ihre Kehlen hergeben. Ein Heidenlärm. Ulli pflügt wie ein Delfin durchs Wasser. Seinen schnellen Freund vor Augen, schwimmt auch Ralf, als ginge es um sein Leben. Ulli nimmt ihm trotzdem ein gutes Stück ab.

Kaum angeschlagen, blickt Ulli erwartungsvoll zu Herrn Gerhard. Der hält die Stoppuhr ans Ohr, als zweifle er an der Zeit. Dann nickt er anerkennend. „Schaffst du das noch mal?"

„Klar", stößt Ulli hervor.

„20,3 ist echt spitze. Du startest bei den Älteren", sagt Herr Gerhard.

Damit hat Ulli als Zweitbester der Schule nicht nur Ronald aus der Kraulbahn gekegelt, sondern für Ralf den Startplatz in seinem eigenen Jahrgang frei gemacht. Und in der Kraulstaffel wird Ulli die Schule ebenfalls vertreten.

„Na?", fragt er seinen Freund.

„Cool", antwortet Ralf, um sich sofort zu verbessern: „Voll krass, meine ich natürlich."

Auch bei den Mädchen läuft alles wie erhofft. Corinna tritt bei den Älteren im Brustschwimmen an. Ebenso Yvonne, die ihre Schule auch noch beim Kraulen sowie in der Kraulstaffel vertreten wird. Stefanie und Pia haben sich ebenfalls qualifiziert. Tina wird in der zweiten Jahrgangsgruppe über 25 Meter Brust überraschend als Ersatzschwimmerin notiert.

Zum Abschluss spielen die Kinder im Nichtschwimmerbecken Wasserball. Dabei wird wie immer viel gerauft und getunkt. Ziemlich ruppig, macht aber Spaß. Der Ball befindet sich gerade ganz woanders, als sich Ronald Yvonne von hinten nähert und ihr unter Wasser die Bikinihose herunterzieht. Reflexartig dreht sie sich um und klebt ihm eine. Noch ehe er auf die erste Ohrfeige reagieren kann, hat Ronald eine zweite gefangen. Und eine dritte: zack, zack, zack!

Im selben Moment wird auf der anderen Seite gejubelt. Herr Gerhard pfeift beim Spielstand von 4 : 1 ab. Außer Corinna hat offenbar kein Kind mitbekommen, was sich zwischen Yvonne und Ronald abgespielt hat.

„Feierabend! Ab unter die Duschen!", ruft Herr Gerhard. Hat er das Spiel wegen der Ohrfeigen beendet? Oder hat auch er nichts gesehen?

Während die anderen aus dem Wasser klettern, stehen Yvonne, Corinna und Ronald noch immer beieinander. Langsam nähert sich der Lehrer der Dreiergruppe.

„Wenn du nicht sofort abhaust", presst Corinna zwischen den Zähnen hervor, „erfährt die ganze Schule, wie dich Yvonne abgewatscht hat."

„Gibt's Probleme?", fragt Herr Gerhard vom Beckenrand.

„Nein, wieso?", antwortet Ronald.

Nach einem langen, zweifelnden Blick wendet sich der Lehrer ab.

Mit funkelnden Augen zischt der Geohrfeigte die Mädchen an: „Ihr passt in nächster Zeit besser auf."

„Wenn du mich noch einmal anfasst …", giftet Yvonne, während er sich aus dem Wasser stemmt.

„Komm, wir gehen uns umziehen“, sagt Corinna.

„Was war denn los zwischen euch?“, spricht Herr Gerhard die Mädchen an, bevor sie unter die Duschen verschwinden.

„Ach, nichts“, antwortet Corinna.

„Weshalb hat sich Ronald dann ein paar von dir gefangen?“, wendet sich Herr Gerhard an Yvonne.

Er erhält keine Antwort. Petzen ist unter ihrem Niveau.

Herr Gerhard zögert. „Nach nichts sah mir die Sache allerdings nicht aus. Auch wenn du die Beste bist, Yvonne, alles kann ich dir nicht durchgehen lassen. Mal fehlst du unentschuldigt, dann kommst du im Bikini und jetzt stiftest du auch noch Unruhe in der Mannschaft …“

Während Yvonne den Lehrer beinahe genauso wütend ansieht wie kurz zuvor Ronald, nimmt Corinna ihre Freundin in Schutz: „Es war doch nicht ihre Schuld. Ronald hat …“

„Sei still“, faucht Yvonne und verschwindet hinter der Tür.

„Was hat sie nur in letzter Zeit?“, fragt Herr Gerhard.

Corinna lässt ihn wortlos stehen und läuft ihr hinterher. Obwohl sie sich beim Duschen beeilt, trifft sie ihre Freundin im Umkleideraum nicht mehr an. Die schnellste Schwimmerin der Schule hat auch beim Umziehen alle Rekorde gebrochen. Als sich die Wasserratten der 3a auf der großen Treppe vor dem Hallenbad versammeln, ist Yvonne die Einzige, die fehlt. Ein Auto hält an. Die Fahrerin steigt aus und fragt über das Fahrzeug hinweg ausgerechnet nach Yvonne.

„Die ist seit zehn Minuten weg", antwortet Corinna. „Sie war als Erste fertig."

„Sie sollte doch warten." Die Frau schaut auf die Uhr. „Ihr wisst nicht zufällig, wo sie hin ist?"

„Vermutlich nach Hause", meint Corinna.

„Aber da ist doch niemand", sagt die Frau. „Deshalb soll ich sie ja abholen." Grußlos fährt sie eilig davon. Fehlt nur noch, dass die Reifen quietschen.

Ulli schüttelt den Kopf. „Wer war das denn?"

„Eine Tante, glaub ich", sagt Corinna.

„Wieso holt die Yvonne mit dem Auto ab?", fragt Stefanie. „Das kurze Stück kann sie doch laufen."

Corinna hebt die Schultern. „Woher soll ich das wissen?“

„Kommt jemand mit ins *Dolomiti*?“, fragt Pia. „Ich bin mit Leo zum Eisessen verabredet.“

„Wer lädt mich ein?“, fragt Qadir. „Ich bin völlig pleite.“

Ulli tippt sich an die Stirn. „Hab ich einen Geldscheißer?“

„Stell dich nicht so an“, sagt Corinna. „Wir legen zusammen und füttern ihn durch.“

Gut gelaunt brechen sie auf zum Eiscafé.

3. Kapitel

Ein Schäfchen zu wenig

Nach Besis Rüffel vom Montag waren am Dienstag tatsächlich alle pünktlich. Doch bereits am Mittwoch fehlt schon wieder jemand.

„Wo ist Yvonne?“, fragt die Lehrerin.

„Gestern war sie noch fit wie ein Turnschuh“, sagt Qadir. „Sie hat die Vierer total alt aussehen lassen.“

Die Lehrerin blickt auf die Uhr. „Corinna, gehst du bitte ins Sekretariat? Frau Weiß soll bei Novaks anrufen und fragen, was los ist.“

Im selben Moment geht die Tür auf. Yvonne schiebt sich schüchtern ins Zimmer. „Entschuldigung.“

„Hat dein Wecker nicht geklingelt?“, fragt Frau Besenbinder.

Yvonne schüttelt den Kopf. „Hab bei meiner Tante übernachtet. Sie musste früher los und ich bin noch mal eingeschlafen.“

„Deine Eltern hatten gestern Abend wohl was Besonderes vor?“, fragt Frau Besenbinder.

Yvonne lässt sich Zeit mit der Antwort. Erst als sie an ihrem Platz sitzt, macht sie den Mund wieder auf. „Nein", sagt sie kaum hörbar, „ich war einfach nur so bei meiner Tante."

„Ab morgen bist auch du bitte wieder pünktlich", versucht Besi sie aufzumuntern. „Sonst muss ich doch noch Corinna losschicken, um nach dir zu fahnden."

„Wieso fahnden?", fragt Yvonne. Gefahndet wird normalerweise nach Bankräubern, Mördern oder anderen Verbrechern.

Die Lehrerin breitet mit großer Geste die Arme aus. „Weil ich mir Sorgen mache, wenn eines meiner Schäfchen fehlt."

„Mäh!", blökt Ulli und hat die Lacher auf seiner Seite.

„Und mein Oberschaf hält sich jetzt bitte mal geschlossen!", ruft ihm die Lehrerin zu.

Ulli schnappt empört nach Luft. „Oberschaf?"

„Genau so hast du dich angehört", erwidert Besi schmunzelnd und wechselt das Thema, um endlich den Unterricht zu beginnen.

Am Ende der Stunde bittet sie Yvonne zu sich. „Geht es dir gut?", fragt sie, nachdem die anderen draußen sind.

Yvonne nickt. „Ja. Wieso?"

„Bin eben neugierig." Frau Besenbinder stupst Yvonne mit dem Finger auf die Nase. „Hab gehört, du hast es den anderen gestern ordentlich gezeigt."

„Die sind halt langsamer", antwortet Yvonne gleichgültig.

„Musst nicht so bescheiden sein", sagt Frau Besenbinder. „Auf so eine tolle Leistung darfst du ruhig stolz sein. Wenn ich Herrn Gerhard richtig verstanden habe, bist du die einzige Schülerin unserer Schule, die in drei Rennen startet."

Yvonne nickt. „Hm. Schon."

Frau Besenbinder zieht die Augenbrauen hoch. „Du sagst mir doch, wenn irgendwas ist?"

„Was soll sein?" Yvonne zuckt mit den Schultern. „Kann ich jetzt in die Pause?"

Die Lehrerin ringt sich ein Lächeln ab. „Natürlich kannst du in die Pause." Besorgt schaut sie Yvonne hinterher. Zu Beginn des Schuljahrs ist Yvonne immer pünktlich gewesen. Seit der Rückkehr aus dem Landschulheim kommt sie jedoch oft zu spät. Und Fehltage stehen auch schon mehrere im Klassenbuch. Für die hat Yvonne stets eine Entschuldigung vorgelegt. Mal wegen Kopf-

schmerzen, mal wegen Fieber, mal wegen sonst was. Irgendetwas scheint nicht in Ordnung zu sein.

Noch in der Pause teilt Herr Gerhard den Kindern der Schwimm-AG mit, dass er für die letzten beiden Stunden am Freitag noch einmal das Schwimmbad reserviert hat. „Die ganze Mannschaft darf den Unterricht schwänzen“, sagt er augenzwinkernd.

„O Mann, dann fällt ja Mathe aus“, meint Qadir todtraurig.

„Seit wann hast du's mit Mathe?“, fragt Pia.

Qadir verdreht die Augen. „War doch nur ein Witz, Mensch.“

„Sag das doch“, meint Pia.

Qadir schüttelt den Kopf. „Pia, Pia, du bist hoffnungslos.“

„He, mal langsam“, nimmt Leo sie in Schutz.

„Reg dich ab, Romeo“, sagt Qadir. „Aber wenn ich einen Witz erklären muss, ist es keiner mehr.“

Alle sind begeistert, anstelle von Mathe ins Schwimmbad zu dürfen. Bis auf Yvonne.

„Was ist denn?“, fragt Corinna, als sie mit ihr allein ist.

„Hab einfach keine Lust“, sagt sie.

„Dir kann man zurzeit wohl gar nichts recht machen.“

„Ach, lass mich“, sagt Yvonne.

„Das kannst du haben, wenn du so weitermachst“, erwidert Corinna. „Vielleicht erzählst du mir endlich, was los ist.“

„Der Gerhard hat vorhin gedroht, dass er mich rausschmeißt, wenn ich wieder im Bikini komme.“

Corinna lacht. „Behaupte jetzt bitte nicht, deine Mama will deinen Badeanzug schon wieder waschen.“

Yvonne zuckt missmutig mit den Schultern. „Quatsch. Aber ich find ihn nicht. Ich muss meinen Schwimmbeutel letzte Woche irgendwo vergessen haben.“

„Warst du schon bei Putzig?“, fragt Corinna.

Kopfschütteln.

„Na, dann komm. Der Beutel ist bestimmt bei ihm in der Kiste.“ Corinna zieht Yvonne hinter sich her.

Mit dem Gong zum Ende der Pause erreichen sie die Glaskabine des Hausmeisters. Er will gerade abschließen.

„Können wir noch eben die Fundsachen durchsehen?“, fragt Corinna. Sie zeigt auf die Klappkiste im Regal an der hinteren Wand. Weil Putzig nicht reagiert, liefert sie ein höfliches „Bitte!“ nach. Er zeigt noch immer keine Regung. „Geht ganz schnell. Wir suchen einen Beutel mit Schwimmzeug.“

„Passt besser auf eure Sachen auf“, antwortet Putzig. Was Unfreundlichkeit angeht, kann man sich auf ihn verlassen. „Morgen. Und zwar nicht nach, sondern während der großen Pause.“ Er dreht den Schlüssel um und geht.

„Ich hasse ihn“, sagt Yvonne mit finsterem Blick.

Corinna reckt den Hals, um von außen über den Rand der Kiste mit den Fundsachen zu sehen. Sie springt hoch. „Ich glaube, dein Schwimmzeug liegt obenauf“, sagt sie nach dem dritten Känguruhüpfer.

„Echt?“ Yvonne hüpft ebenfalls. „Ich seh nichts.“

„Ganz sicher“, sagt Corinna. „Und mach jetzt nicht länger aus einer Mücke einen Elefanten. Morgen holst du den Beutel und bist deine Probleme los.“

„Du hast doch gar keine Ahnung", erwidert Yvonne düster.

Corinna hat genug. Soll Yvonne doch bleiben, wo der Pfeffer wächst. Sie macht auf dem Absatz kehrt und geht. Schon nach zwei Schritten bleibt sie stehen. An der Ecke zum Flur lungern Dana, Tonja und Ronald aus der 4b herum. Unter die-

sen Umständen kann Corinna ihre Freundin nicht alleinlassen – und wenn sie noch so herumzickt.

Auch Yvonne hat die Vierer inzwischen entdeckt. „Was willst du?", giftet sie Ronald an.

„Von dir bestimmt nichts“, erwidert er mit schiefem Grinsen.

Corinna erinnert sich an Ronalds Drohung im Schwimmbecken und zieht Yvonne erneut hinter sich her. „Komm, mit denen lohnt sich kein Stress.“

Yvonne reißt sich los. „Ich kann selber auf mich aufpassen.“

Damit bringt sie bei Corinna das Fass zum Überlaufen. Jedenfalls für den Augenblick. Vielleicht ist Yvonne irgendwann mal wieder besser drauf.

4. Kapitel

Harte Probe für Corinna

Am Donnerstag stellt Yvonne die Geduld ihrer gesamten Klasse auf eine harte Probe. Wer auch immer sie anspricht, muss mit einer pampigen Anmache rechnen. Selbst Frau Besenbinder bekommt nur einsilbige Antworten: „Ja." – „Nein." – „Weiß nicht."

Die anderen Kinder beginnen schon, sich über die Lehrerin zu wundern. Besi ist sonst die Erste, die auf muffeliges Verhalten hinweist. Meistens mit einer fröhlichen Bemerkung, nach der einem gar nichts anderes mehr übrig bleibt als zu lachen. Yvonne dagegen behandelt sie wie ein rohes Ei und spart sich jeden Kommentar.

„So leicht bin ich meine Probleme los, ja?", fährt Yvonne Corinna nach der großen Pause an und knallt ihr einen Stoffbeutel auf den Tisch.

„He, super! Deine Schwimmsachen", sagt Corinna. „Hat Putzig sie endlich rausgerückt?"

„Von wegen super", giftet Yvonne. „Schau rein."

Corinna öffnet den Beutel. Der Inhalt riecht muffig. Die Sachen haben mehrere Tage feucht in Putzigs Kiste gelegen. Mit spitzen Fingern durchsucht Corinna die Tasche: Duschgel, Haarbürste, Handtuch. „Und?“

„Mein Badeanzug“, sagt Yvonne genervt.

„Was ist mit ihm?“

„Bist du blind oder blöde?“, zischt Yvonne. „Er fehlt.“

„Aha – und ich bin schuld.“ Corinna knüllt den Beutel wütend zusammen und wirft ihn Yvonne gegen die Brust. „Rutsch mir doch den Buckel runter.“

Selbst wenn Corinna wollte, bleibt für versöhnliche Worte keine Zeit. Besi fordert die Kinder auf, sich zu setzen. Corinna hat nicht bemerkt, dass die Lehrerin ins Zimmer gekommen ist. Hat Besi den Streit zwischen ihr und Yvonne mitbekommen?

Zumindest das Ende. Sonst würde sie die Mädchen nach Ablauf der letzten Stunde nicht nach vorn bitten. Yvonne rennt aus dem Zimmer, als wären hundert Höllenhunde hinter ihr her. Deutlicher kann sie kaum zeigen, dass ihr der Sinn nicht nach Gesprächen steht.

„Die spinnt total“, beschwert sich Corinna.

Die Lehrerin zieht die Stirn in Falten. „Sie ist ja nicht immer so, oder?“

Corinna nickt. „Schon“, sagt sie leise. „Aber zurzeit ist sie …“, kopfschüttelnd sucht sie nach Worten. „Ach, ich weiß auch nicht.“

Besi setzt sich auf den Tisch und klopft mit der Handfläche neben sich. Corinna versteht die Aufforderung und nimmt neben ihr Platz.

„Yvonne und du – ihr seid doch beste Freundinnen?“

Corinna zuckt ratlos mit den Schultern. „Jedenfalls sind wir es bis vor Kurzem gewesen. Aber so eklig, wie sie im Moment ist“, sprudelt sie los, „hab ich keine Lust mehr. Dauernd motzt sie rum. Nichts findet sie gut. Wenn ich ihr helfen will, ist es ihr nicht recht.“ Sie holt Luft, um fortzufahren. Doch dann winkt sie ab. „Ach, ich versteh das nicht.“ Sie spürt, wie ihre Augen sich mit Tränen füllen.

Besi legt einen Arm um sie und drückt Corinna fest an sich. „Es geht nicht nur dir so“, sagt sie. „Auch ich habe mich in den letzten Wochen häufig über Yvonne gewundert.“

„Wieso ist sie plötzlich so – fies?“

Frau Besenbinder sagt lange nichts. Corinna beginnt sich bereits unwohl zu fühlen, als die Lehrerin den Mund endlich wieder aufbekommt. „Ich habe gestern mit ihrer Mutter geredet. Yvonnes Familie hat im Augenblick ein großes Problem."

„Was für eines?"

Erneut lässt sich die Lehrerin Zeit. „Yvonne möchte sicher, dass du es von ihr selbst erfährst. So schwer es auch sein mag, du darfst sie nicht drängen." Noch einmal drückt sie Corinna fest an sich. „Meinst du, du kannst noch ein bisschen Geduld mit ihr haben?"

„Aber …"

Besi ist klar, dass sie längst nicht von allen Kindern so viel Verständnis erwarten kann. Corinna allerdings traut sie das zu. „Es ist nicht einfach, ich

weiß. Yvonne kann im Moment ein ziemliches Ekelpaket sein. Vor allem beste Freundinnen haben so eine Behandlung nicht verdient."

Corinna atmet tief durch.

„Glaub mir", sagt Besi. „Yvonne wird schon wieder." Sie stupst Corinna aufmunternd auf die Nase.

„Sicher?", fragt Corinna mit traurigen Augen.

Besi wiegt den Kopf. „Mit unserer Unterstützung? Ziemlich sicher."

Corinna nickt. „Okay."

„Wenn du Hilfe brauchst, kommst du zu mir, ja?", sagt Besi. „Und jetzt, ab nach Hause."

5. Kapitel

Tolle Idee – und so einfach

„Yvonne“, richtet sich Frau Novak mit fast flehendem Ton an ihre Tochter, „wie stellst du dir das vor? Sportbadeanzüge sind teuer. Wie soll ich den bezahlen? Letzte Woche hast du deine Turnschuhe und einen Pullover verloren. Diese Woche zwei Schulbücher und den Badeanzug. Du musst besser auf deine Sachen aufpassen.“

„Der rote Pullover ist bei Tante Conny“, hält Yvonne dagegen. „Und die Schulbücher tauchen bestimmt auch wieder auf. Was kann ich dafür, wenn ich dauernd woanders schlafe?“

Frau Novak stößt einen Seufzer aus. „Nächste Woche ist wieder Geld auf dem Konto. Jetzt am Monatsende muss ich jeden Cent umdrehen.“

„Ich brauch den Badeanzug morgen!“, sagt Yvonne wütend. „Dann soll Papa ihn bezahlen!“

„Da bin ich ganz deiner Meinung“, antwortet ihre Mama gereizt. „Aber du weißt, dass wir von seiner Seite im Moment nichts zu erwarten haben.“

„Ihr seid fies!“, heult Yvonne los. „Bloß weil ihr euch nicht vertragen könnt, muss ich es ausbaden.“

Auch in Frau Novaks Augen sammeln sich Tränen. „Ach, Mäuschen.“ Sie zieht ihre Tochter auf den Schoß. „Dein Papa und ich werden bestimmt bald eine Regelung finden, dass du diesen Stress nicht mehr so sehr abbekommst.“

„Das sagst du schon seit drei Wochen!“, schreit Yvonne ihrer Mama ins Gesicht. „Seitdem wir auf Klassenfahrt waren! Und gelogen hast du auch! Papa war nicht auf Geschäftsreise! Ausgezogen ist er! Von Anfang an hast du gewusst, dass er nicht mehr heimkommt!“

Obwohl sie eigentlich nur getröstet werden will, windet sie sich aus den Armen ihrer Mutter und rennt aus der Küche. Sie knallt die Tür zu, dass die Tassen und Gläser im Schrank klirren.

Wenn man die Zeit der Klassenreise einrechnet, hat Yvonne ihren Papa inzwischen fast vier Wochen nicht mehr gesehen. Nur einmal hat er angerufen und mit ihr geredet. Ob es ihr gut geht, hat er gefragt. Wie soll es ihr gut gehen, wenn Mama und er sich nicht mehr vertragen? Wie soll es ihr gut gehen, wenn er einfach auszieht? Zu einer anderen Frau, wie Mama sagt. Wie soll es ihr gut gehen, wenn auch Mama die ganze Zeit traurig ist? Oder eben wütend auf ihn? Und wie soll es Yvonne gut gehen, wenn Mama sagt, dass sie kein Geld haben, um einen Badeanzug zu kaufen? Es kann ihr nicht gut gehen! Und weil sie morgen wieder im Bikini zum Schwimmen muss, wird sie der blöde Gerhard aus der Mannschaft werfen. Der Lehrer der 4b ist doch nur froh, wenn er an ihrer Stelle eine Schwimmerin aus seiner eigenen Klasse in die Mannschaft nehmen kann. Vermutlich Dana, die blöde Kuh. Und weil die nur im Brustschwimmen gut ist, nimmt er beim Kraulen wahrscheinlich Tonja. Die ist genauso doof. Mindestens.

Ganz besonders schlimm ist, dass Yvonne ihren Papa vermisst. Sogar ganz fürchterlich. Trotz aller Wut auf ihn. Sie wirft sich aufs Bett und heult ihr Kopfkissen nass.

Im Wohnzimmer klingelt das Telefon.

Yvonne hört, wie Mama sich meldet. „Schön, dass du anrufst, Corinna! Moment, ich frag sie." Bevor Mama in Yvonnes Zimmer kommt, klopft sie leise an. „Corinna möchte sich mit dir verabreden."

Yvonne nimmt den Hörer und wartet, bis Mama aus dem Zimmer ist. „Ja?", fragt sie knapp.

„Du, Yvonne – ich möchte, dass wir uns wieder vertragen."

Yvonne wischt sich mit dem Ärmel ihre Triefnase ab. „Okay."

„Machen wir heut noch was?", fragt Corinna.

„Geht nicht", antwortet Yvonne. „Mama bringt mich gleich zu Regina."

„Und wer ist das?", fragt Corinna.

„Meine Babysitterin von früher. Ich schlafe heute bei ihr."

„Wieso pennst du schon wieder woanders?", wundert sich Corinna.

„Mama hat einen Termin", antwortet Yvonne.

„Und dein Papa?"

Yvonne zögert. „Ist auch nicht da."

„Das nächste Mal pennst du bei mir, ja?", sagt Corinna.

„Okay", antwortet Yvonne erneut.

Dann kommt eine längere Pause. Keines der Mädchen weiß, was es sagen soll. Endlich fällt Corinna ein neues Thema ein. „Hast du deinen Badeanzug gefunden?"

Yvonne atmet tief durch. Muss Corinna sie daran erinnern? „Nein", sagt sie so wenig unfreundlich, wie sie nur kann.

„Ist doch irgendwie seltsam, dass er nicht im Beutel war", spricht Corinna einen plötzlichen Gedanken aus. „Du wickelst deinen nassen Anzug doch auch immer ins Handtuch."

„Stimmt", erwidert Yvonne. „Seit ich mal meinen ganzen Schulranzen mit dem nassen Zeug eingeweicht habe."

„Warum war er dann nicht immer noch im Handtuch, als du den Beutel zurückbekommen hast?"

Bis jetzt hat Yvonne keinen Gedanken darauf verschwendet, weshalb ihr Badeanzug fehlt. „Wirklich seltsam. – Die Vierer könnten ihn …"

Corinna hat sofort die Szene von gestern vor Augen. „Die haben uns beobachtet, als wir bei Putzig waren. Dann haben sie unter einem Vorwand in der Kiste gekramt und deinen Badeanzug geklaut, um sich zu rächen. Wetten?"

„Und warum hat Putzig sie an die Kiste gelassen und uns nicht?", fragt Yvonne sauer.

„Vermutlich, weil sie heute Vormittag gleich zu Beginn der großen Pause gekommen sind."

„Ich hasse sie! Ich hasse sie! Ich hasse sie!", schimpft Yvonne.

„Wir können nichts beweisen", sagt Corinna kleinlaut. „Reg dich also lieber wieder ab."

„Diesen Dummbeutel von Ronald krieg ich dran, das schwör ich dir!"

„Im Moment brauchst du erst mal einen Badeanzug", sagt Corinna. „Zu blöd, dass ich zum Wechseln auch nur einen Bikini habe."

Wieder betretenes Schweigen. „Ich weiß was!", ruft Corinna plötzlich. „Du wartest im Umkleideraum, bis ich ein paar Bahnen geschwommen habe. Dann sag ich Gerhard, dass ich pinkeln muss, und bring dir meinen Badeanzug. Wir wechseln uns ab."

„Das fällt doch auf, wenn wir ständig aufs Klo rennen und nie zur selben Zeit da sind", lehnt Yvonne den Vorschlag ab.

„Hast recht", bestätigt Corinna. „Aber jetzt hab ich's wirklich!"

„Und?", fragt Yvonne.

„Verrate ich dir erst, wenn's klappt", sagt Corinna. „Sonst redest du mir auch die Idee wieder aus. Ich ruf gleich noch mal an." Klack, hat sie aufgelegt.

Wie ein begossener Pudel blickt Yvonne auf den Hörer in ihrer Hand. Sie braucht allerdings nicht lange zu warten.

„Ilona bringt ihren Badeanzug morgen mit zur Schule, um ihn dir auszuleihen", meldet Corinna nur fünf Minuten später.

Erneut füllen sich Yvonnes Augen mit Tränen. „Danke", sagt sie leise. „Tolle Idee."

„Und so einfach", sagt Corinna.

6. Kapitel

Hinterrücks und gemein

„Na, heute wieder bauchfrei?“, ruft Tonja Yvonne auf der Treppe zum Schwimmbad zu. Ronald und Dana lachen sich krumm.

Bevor Yvonne etwas erwidern kann, legt Corinna eine Hand auf ihren Arm. „Lass diese Ersatzschwimmer doch lästern. Wenn sie wirklich was mit dem Verschwinden deines Badeanzugs zu tun haben, ärgern sie sich gleich von ganz allein.“

Recht hat sie: Als Yvonne in Ilonas Badeanzug auftritt, machen Dana und Tonja im Umkleideraum ebenso große Augen wie Ronald wenig später in der Schwimmhalle.

„Na bitte“, spricht Herr Gerhard Yvonne an. „Geht doch.“

Sein Abschlusstraining hat es in sich. Der Lehrer scheucht die Kinder ein letztes Mal durchs Becken. Ob zur Mannschaft gehörig oder nur Ersatz, ist ihm egal. Droht jemand schlappzumachen, läuft er nebenher, um den Betreffenden von außen anzutreiben: „Hopp, hopp, hopp!“

Selbst Yvonne, die das Programm als Erste hinter sich hat, ist am Ende ziemlich platt. Heftig atmend steht sie am Beckenrand. Nach und nach kommen alle aus dem Wasser. Auch Dana und Tonja, die zu ihrem großen Ärger nur zweite Wahl sind. Corinna stemmt sich gerade aus dem Becken, als sich die beiden Vierer von hinten an Yvonne heranpirschen.

„Pass auf!", warnt Corinna ihre Freundin. Zu spät.

Die beiden ziehen Yvonne die Träger des Badeanzugs herunter. Tonja links, Dana rechts. Entblößt bis zum Bauchnabel kapiert Yvonne zunächst nicht, wie ihr geschieht. Tonja und Dana biegen sich vor Lachen.

Yvonne sieht rot. Mit aller Wucht tritt sie Tonja in den Hintern. Die Viertklässlerin stürzt und rutscht über die nassen Fliesen. Blindlings prügelt Yvonne auf Dana ein.

„He! Sofort aufhören ihr beiden!", ruft Herr Gerhard scharf vom anderen Ende des Beckens.

Dana strauchelt, stolpert und fällt ausgerechnet auf Ronald, der soeben seine letzte Bahn krault. Als er von Dana unter Wasser gedrückt wird, gerät er in Panik. Beide Kinder strampeln

und zappeln, als würden sie von einem Schwarm Piranhas angegriffen. Herr Gerhard stürzt sich kopfüber ins Becken, um den beiden zu helfen.

Ronald hat Wasser geschluckt, hustet sich fast die Lunge aus dem Leib. Ansonsten ist er okay. Erst als er mitbekommt, dass Yvonne es war, die Dana auf ihn gestoßen hat, fängt er an zu jammern. „Aua, mein Bein."

„Der markiert doch nur!", schimpft Yvonne aufgrund der miesen Schauspieleinlage.

„Yvonne, du verlässt augenblicklich die Halle", sagt Herr Gerhard. „Glaub bloß nicht, dass du am Dienstag dabei bist."

Es dauert Sekunden, bis sie begreift, was der Lehrer soeben gesagt hat. „Aber ...", fängt sie an, weiß jedoch nicht, wie sie sich verteidigen soll.

Sie schnappt nach Luft, ringt nach Worten. Ganz plötzlich wendet sie sich ab und flieht in den Umkleideraum.

Einen Moment später sieht sich Herr Gerhard von den Kindern der 3a umringt. „Yvonne ist nicht schuld!“ – „Dana und Tonja haben sie von hinten ausgezogen!“ – „Die haben angefangen!“, rufen sie durcheinander.

Die Vierer halten dagegen: „Yvonne spinnt doch!“ – „Die hat ein Rad ab!“ – „Richtig fies ist die!“

Während Herr Gerhard Mühe hat, eine Prügelei zwischen den beiden Gruppen zu verhindern,

folgt Corinna ihrer Freundin in den Umkleideraum.

Blind vor Wut und Tränen führt Yvonne sich auf wie Rumpelstilzchen. Schuhe, Shampooflaschen, Haarbürsten, Taschen – was ihr in die Finger kommt, schleudert sie gegen Schranktüren und Wände.

„Davon wird es nicht besser", sagt Corinna und geht zu ihr.

Erst jetzt sieht Yvonne ihre Freundin. „Lass mich!", brüllt sie und sammelt hastig ihre Sachen ein.

Viel zu spät begreift Corinna, was sie vorhat. Mit einem Bündel Klamotten unterm Arm flieht Yvonne nach draußen. Bis zum Haupteingang läuft Corinna hinter ihr her. Mit nichts als dem klammen Badezeug am Leib rennt Yvonne ins nasskalte Oktoberwetter.

Corinna eilt zurück, um sich anzuziehen. Sie kann doch Yvonne jetzt nicht alleinlassen. Stefanie, Pia und Tina wundern sich über das von Yvonne hinterlassene Chaos. In knappen Worten erzählt Corinna, was vorgefallen ist. Natürlich ziehen sich inzwischen auch die Mädchen der anderen Klassen um.

„Ist eben nicht ganz dicht, die Zicke", sagt Dana schnippisch.

Wie auf Kommando treten ihr Corinna, Stefanie, Pia und Tina entgegen. „Noch ein Wort", faucht Corinna.

„Wenn ihr mir was tut", jammert Dana, „sag ich es Herrn Gerhard."

„Heul doch, du Petze", zischt Stefanie.

„Lasst sie", sagt Pia. „Wir müssen Yvonne finden. Ich geh schnell rüber und sag den Jungs Bescheid."

Ohne anzuklopfen, tritt Pia in den Umkleideraum der Jungen. Blitzschnell greift Ronald nach seinem Handtuch und hält es schützend vor seinen nackten Körper. „Was soll das?", schimpft er. „Sind jetzt alle Mädchen aus der 3a durchgeknallt?"

Sofort kommen Qadir und Ulli drohend auf ihn zu. „Noch ein falsches Wort", sagt Ulli, „und du verbringst die Nacht in deinem Schrank."

Obwohl beide Jungen kleiner sind als er, hält Ronald die Klappe. Mit zweien möchte er sich nicht anlegen. Zumal sich Qadir bereits eine Ecke seines Handtuchs gegriffen hat und es ihm jederzeit wegziehen könnte.

Pia informiert die Jungen ihrer Klasse, dass sie sich beeilen sollen. „Yvonne ist verschwunden. Wir treffen uns draußen. Wir müssen sie finden.“

Corinna ist als Erste angezogen und sucht zunächst allein die nähere Umgebung ab. Nichts. Als sie zur Treppe zurückkehrt, haben die ande-

ren bereits einen Plan, wie sie vorgehen könnten. Sie wollen Besi Bescheid geben, die Telefonkette in Gang setzen und eine Suchaktion starten.

„Wir brauchen eine Zentrale", meint Ulli. „Bei wem können wir uns treffen?"

„Bei mir", bietet Corinna sofort an.

„Und wenn Yvonne längst zu Hause ist?", fragt Ralf in die Runde.

„Genauso gut kann sie immer noch im nassen Badezeug durch den Regen rennen", sagt Pia trübe.

„Wenn wir hier rumstehen, kriegen wir gar nichts raus", sagt Corinna. „Los, kommt mit."

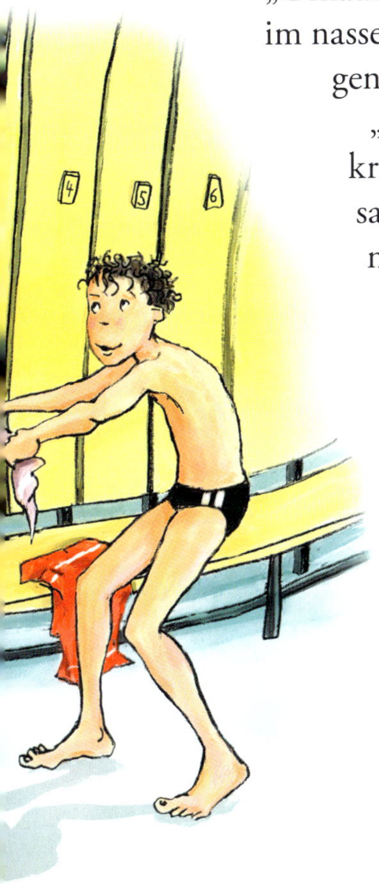

7. Kapitel

Stecknadel im Heuhaufen

Damit nicht noch mehr Kinder als vermisst gelten, rufen erst einmal alle von Corinnas Wohnung aus ihre Eltern an. Ulli schlägt vor, der ganzen Suchmannschaft Spaghetti mit Tomatensoße zu kochen. Als Einzelkind mit alleinerziehendem Vater ist er es gewohnt, ein paar schnelle Gerichte zuzubereiten. Die in Gang gesetzte Telefonkette ergibt, dass Yvonne bis jetzt nirgends aufgetaucht ist. Weder bei Besi noch bei Novaks geht jemand ans Telefon. Viele Mitschülerinnen und Mitschüler versprechen, nach dem Mittagessen bei der Suche zu helfen.

Aber wo sollen sie anfangen? Am Bootssteg des kleinen Stadtsees vielleicht? Der ist ein beliebter Treff. Oder sollen sie erst zur Pferdekoppel gehen, wo vor allem die Mädchen häufig zusammenkommen? Auch im Eiscafé *Dolomiti* könnte sich Yvonne gezeigt haben. Sie kann eigentlich überall und nirgends sein – wie eine Stecknadel im Heuhaufen.

Ulli bringt ein Tablett mit Tellern, Besteck und einem dampfenden Nudeltopf in Corinnas Zimmer. „Wer holt die Soße?“, fragt er.

„Schon unterwegs“, sagt die Gastgeberin und verschwindet in die Küche. „Wieso habt ihr euch nicht an den Tisch gesetzt?“, fragt sie, als sie mit der blubbernden Soße zurückkehrt.

Mit den Tellern auf ihren Beinen hocken die Kinder wie bei einem Picknick im Schneidersitz auf dem Fußboden.

„Was hast du gegen ein Nudelpicknick auf dem Teppich?“, erwidert Qadir. „Dein Minitisch ist einfach zu klein.“

„Solange die Nudeln nachher nicht von der Decke hängen …“, sagt Corinna mit sorgenvollem Blick, greift aber genauso kräftig zu wie alle anderen.

Bald treffen die ersten Mitschülerinnen und Mitschüler ein. Suchgruppen werden eingeteilt. Die Kinder schwärmen aus. Nur Qadir und Corinna bleiben zurück, um das Telefon zu hüten. Stumm warten sie darauf, dass es endlich klingelt.

Plötzlich springt Corinna auf. „Irgendwo hab ich Besis Handynummer.“ Sie kramt auf ihrem

Schreibtisch nach einem Zettel. „Bis jetzt haben wir es nur bei ihr zu Hause versucht.“ Sie nimmt den Hörer ab.

„Du belegst die Leitung“, wendet Qadir ein. „Wenn einer anrufen will, kommt er nicht durch.“

„Besi muss Bescheid wissen.“ Entschlossen tippt Corinna die Nummer ein und erreicht die Lehrerin tatsächlich. Die Verbindung ist schlecht. Besi versteht nur die Hälfte.

Auch bei Corinna kommt nicht alles an. Aus „W…eid ih…?“ reimt sie sich die Frage nach ihrem Aufenthaltsort zusammen.

„Bei mir“, antwortet Corinna. „Die halbe Klasse sucht nach ihr. Qadir und ich spielen Zentrale.“

„Bi…in…ün…uten…ei eu…“, verspricht Besi und beendet damit das zerhackte Telefongespräch.

„Was soll das heißen, Yvonne ist verschwunden?“, fragt die Lehrerin, als sie kurze Zeit später die Wohnung betritt.

Angefangen mit Danas und Tonjas fieser Nummer im Schwimmbad bis zur laufenden Suchaktion erzählen Corinna und Qadir haarklein, was vorgefallen ist.

Besi überlegt nicht lange. Per Handy informiert sie die Polizei, dass sie nach einem neunjährigen Mädchen Ausschau halten sollen, das eventuell nur mit Badeanzug bekleidet durch die Straßen irrt.

Qadir und Corinna blicken die Lehrerin erschrocken an.

„Nur zur Sicherheit“, wendet sie sich an die Kinder. „Ich glaube selbst nicht, dass Yvonne was passiert ist. – Ihr habt gesagt, bei Novaks geht niemand ran?“

Beide nicken.

„Dann fahre ich jetzt zu Frau Novaks Arbeitsstelle“, sagt Besi. „Vielleicht ist Yvonne dort aufgetaucht. Aber vorher …“ Sie zögert. Die Kinder sehen sie erwartungsvoll an. „Seid nicht so neugierig“, sagt die Lehrerin, wählt auf ihrem Handy eine weitere Nummer und scheucht die beiden aus dem Zimmer.

„Hilfst du mir beim Geschirr?“, fragt Corinna auf dem Flur.

„Habt ihr keine Spülmaschine?“, erwidert Qadir entsetzt.

„Keine, die sich selber einräumt“, antwortet Corinna.

Kaum sind sie in der Küche, hören sie Besi in Corinnas Zimmer telefonieren. Laut genug, um aus den Gesprächsfetzen schließen zu können, dass sie Herrn Gerhard am anderen Ende hat. Corinna und Qadir spitzen die Ohren.

„Du hast nicht mitbekommen, dass Yvonne halbnackt aus dem Schwimmbad gerannt ist?“, fragt Besi ungläubig. „Aha, erst später. Warum hast du nichts unternommen?“ – „Und wieso hast du sie überhaupt rausgeschmissen?“ Die Lehrerin schließt die Tür.

Corinna und Qadir schleichen über den Flur, um weiter zu lauschen. Der Ton der Lehrerin bleibt heftig.

„So sauer war die noch nie“, flüstert Qadir.

„Scht“, macht Corinna. Sie will nichts verpassen.

„Was soll das heißen, Yvonne macht schon länger Probleme?“, fragt Besi. „Wieso erfahre ich das nicht? Ich bin ihre Klassenlehrerin!“ – „Ist doch kein Wunder! Ihre Eltern trennen sich!“ – „Ich weiß es auch erst seit vorgestern.“ – „Es ist mir egal, wie du das anstellst. Aber Yvonne muss zurück in die Mannschaft! Das Mädchen braucht etwas, woran es sich festhalten kann.“ – „Ja. Tschüss.“

Auf Zehenspitzen huschen Corinna und Qadir zurück in die Küche. Nicht schnell genug. Besi kommt herein, ehe sie einen auf harmlos machen können. „Habt ihr gelauscht?“

Qadir senkt den Blick. Das reicht als Geständnis.

Corinna geht in die Offensive: „Wieso dürfen wir nicht wissen, was los ist?“, fragt sie empört. „Lassen sich Yvonnes Eltern tatsächlich scheiden?“

Besi nickt. „Sieht ganz danach aus.“

Qadir geht ein ganzer Kronleuchter von Lichtern auf. „Deshalb ist sie so mies drauf. Wieso erzählt sie uns nichts?“, fragt er die Lehrerin.

„Ach, Qadir“, sagt Besi, „vermutlich will sie das im Moment einfach nicht.“ Sie setzt sich an den mit Schmutzgeschirr überladenen Tisch. „Sie begreift wahrscheinlich selbst noch nicht richtig, was los ist.“

„Und wie finden wir sie jetzt?“, fragt Qadir sachlich.

„Ich fahr erst mal zu ihrer Mutter.“ Mit einem tiefen Seufzer steht Besi auf. „Falls Yvonne auftaucht, gebt ihr sofort Bescheid. Und ihr tut Yvonne einen großen Gefallen, wenn ihr die Sache nicht überall herumerzählt“, sagt Besi. „Wenigstens vorläufig.“

8. Kapitel

Geheimnis? – Welches Geheimnis?

„Wie soll das gehen?“, wendet sich Corinna an Qadir, als die Lehrerin aus der Wohnung ist.

„Was?“

„Es niemandem erzählen. Das geht doch gar nicht.“

„Weiß nicht“, sagt Qadir. „Wäre aber wirklich besser.“

Corinna blickt zur Uhr. „Schon fast drei Stunden. Hoffentlich ist sie nicht erfroren.“

Qadir winkt ab. „So schnell erfriert keiner.“

„Sie hat sich nicht mal abgetrocknet.“

„Dann kriegt sie eben einen Schnupfen“, versucht Qadir Corinnas Sorgen zu entkräften.

„Wieso hat sie mir nichts erzählt?“, klagt sie beleidigt. „Ich bin ihre beste Freundin.“

Qadir zuckt mit den Schultern. „Wieso soll sie erzählen, dass ihre Eltern sich trennen, wenn sie immer noch hofft, dass sie sich wieder vertragen?“

Corinna nickt. „Hm.“

Fünf Minuten später steht Yvonne wie vom Himmel gefallen vor der Wohnungstür. Sie wirkt zwar noch immer sehr bedrückt, vielleicht auch wütend, aber sonst ist sie putzmunter – und vor allem: Sie trägt mehr als einen Badeanzug. „Darf ich reinkommen?“, fragt sie Corinna. Die fällt ihr vor Erleichterung erst einmal um den Hals.

Qadir schaut Yvonne verwundert an. „Du bist ja angezogen.“

„Ist irgendwie nicht das Wetter, um halbnackt rumzulaufen, oder?“, erwidert Yvonne trocken.

Erst fängt Corinna an zu kichern. Dann lacht auch Yvonne. Und Qadir lässt sich ebenfalls anstecken. Endlich wieder einmal was zu lachen. Im Badeanzug durch den herbstlichen Regen zu spazieren, wäre wirklich zu doof. Vor allem, wenn man ein Bündel mit Kleidern unterm Arm trägt.

„Wir suchen dich seit Stunden“, sagt Corinna. „Wo warst du?“

„Zu Hause“, erwidert Yvonne.

„Wieso bist du nicht ans Telefon gegangen?“, fragt Qadir.

Yvonne zuckt mit den Schultern. „Wollte meine Ruhe haben. Ist irgendwas Dringendes?“

Corinna schiebt ihre Freundin in ihr Zimmer. „Na, du bist ja lustig. Wir haben uns Sorgen gemacht. Besi fährt gerade zu deiner Mama und sagt ihr, dass du verschwunden bist. Die halbe Klasse sucht nach dir. Und die Polizei."

Yvonne hat sich kaum gesetzt, da springt sie wieder auf. „Die Polizei? Spinnt ihr?", fragt sie aufbrausend.

„Wenn hier jemand spinnt", kontert Corinna in scharfem Ton, „sind das bestimmt nicht wir."

Das gemeinsame Lachen hat die aufgestaute Anspannung noch nicht gelöst. Yvonne sieht Corinna mit schmalen Augen an. Sie geht zur Tür.

Qadir stellt sich ihr in den Weg. „Hört auf mit der Streiterei. – Yvonne, bleib hier."

„Und wieso?"

Qadir blickt zu Corinna. Dann zu Yvonne. Er ringt mit sich selbst um eine Entscheidung. „Besi hat uns das mit deinen Eltern erzählt." Yvonne versucht ihn zur Seite zu drängen. Qadir hält dagegen. „Renn doch nicht schon wieder weg, verdammt!"

Yvonne bleibt heftig atmend vor ihm stehen.

Qadir verdreht die Augen. „Wir erzählen es niemandem."

Corinna legt ihr die Hand auf die Schulter. „Jedenfalls nicht, solange du das nicht möchtest."

Yvonne kehrt zurück zum Bett und sinkt kraftlos nieder. Corinna setzt sich neben sie und schließt sie in ihre Arme.

„Wo ist Besis Nummer?", fragt Qadir. „Ich sag ihr Bescheid, dass Yvonne wieder aufgetaucht ist."

Ohne ihre Freundin loszulassen, reicht Corinna Qadir den Zettel. Er nimmt ihn entgegen und schleicht nach draußen. Qadir erwischt die Lehrerin, bevor sie bei Frau Novak ist. So bleibt wenigstens Yvonnes Mutter unnötige Aufregung erspart. Sofort schmiedet Besi neue Pläne. Qadir möge den Mädchen vorschlagen, dass Yvonne doch heute bei Corinna übernachten kann.

„Gut, richte ich aus“, antwortet Qadir.

„Prima, Qadir“, sagt Besi. „Sobald Frau Novak Zeit hat, setze ich mich mit ihr zusammen. – Und Qadir …“, sie klingt verschwörerisch, „unser Geheimnis behaltet ihr doch für euch?“

„Ich hab keinen Schimmer, wovon Sie sprechen“, spielt Qadir den Ahnungslosen.

Frau Besenbinder lacht. Qadir kennt dieses Lachen aus dem Unterricht. Die Lehrerin wirft dann immer den Kopf in den Nacken und strahlt wie ein Honigkuchenpferd.

Während sich Yvonne endlich ihrer Freundin anvertraut und mit Corinna über das Chaos in ihrer Familie redet, spielt Qadir den Türsteher. Im Minutentakt wimmelt er Mitschülerinnen und Mitschüler ab, die bei Zeisigs eintrudeln oder anrufen, weil sie Yvonne nicht gefunden haben. „Sie ist wieder da“, informiert Qadir die anderen. „Sagt es bitte weiter. Wir sehen uns am Montag.“

9. Kapitel

Themenwechsel

Zum Auftakt der Woche sitzen die Kinder wie immer im Montagskreis zusammen. Yvonne knabbert nervös an den Fingernägeln. In langen Gesprächen hat Frau Besenbinder sie davon überzeugt, dass es ihr hilft, wenn sie ihrer Klasse berichtet, was bei ihr zu Hause los ist. Deshalb bekommt Yvonne an diesem Morgen die Räuberpuppe als Erste. Zunächst bedankt sie sich, dass am Freitag so viele nach ihr gesucht haben. Das geht ihr noch ganz leicht über die Lippen. Dann kommt der schwierige Teil. Mit gesenktem Blick erzählt Yvonne, dass sich ihre Eltern wohl trennen werden. Dass ihre Mama jetzt sparen muss und nicht weiß, was jetzt wird.

„So kompliziert ist das gar nicht", quasselt Ulli dazwischen. „Papa und ich packen das schon seit ich fünf bin. Seit Mama tot ist eben. Und aus mir ist doch auch was geworden." Mit dem letzten Satz bringt er die Runde zum Lachen. „Was ist daran so witzig?", fragt er verständnislos.

„Ich wollte nur erklären“, ergreift Yvonne wieder das Wort, „warum ich nicht so gut drauf bin.“

„Richtig eklig bist du geworden“, mault Anton.

Besis strenger Blick bringt ihn zum Schweigen.

„Und als mich Herr Gerhard dann auch noch rausgeschmissen hat …“ Yvonne seufzt.

Stefanie meldet sich zu Wort. „Wenn du willst, kannst du für mich über 25 Meter Kraul starten.“

Yvonne begreift zunächst überhaupt nicht, was Stefanie meint.

„Meinen Platz in der Bruststaffel kannst du auch haben“, bietet Qadir an.

„Du bist doch ein Junge, du Dumpfi“, mischt sich Ulli ein.

„Ups“, sagt Qadir, „stimmt ja. In der Staffel müssen ja immer zwei Jungs, zwei Mädchen.“

„Aber meinen Platz kannst du haben“, sagt Pia.

Nun schüttelt Leo den Kopf. „Geht auch nicht. Yvonne ist älter. Sie darf nicht mehr in deinem Jahrgang starten.“

„Dann musst du für mich schwimmen“, wendet sich Corinna an Yvonne. „Ist zwar nur ein Start in Brust, aber besser als gar nichts.“

„Danke“, sagt Yvonne leise, während sie auf Ronja starrt. Wenn sie jetzt aufblickt, muss sie bestimmt weinen. „Ich möchte aber nicht, dass ihr meinetwegen nicht startet." Sie zuckt mit den Schultern. „Das Wettschwimmen ist mir auch gar nicht mehr so wichtig. – Papa schaut sowieso nicht zu."

„Moment mal!", empört sich Ulli. „Vielleicht geht es nicht nur um dich. Wenn du nicht mitschwimmst, haben wir null Chancen auf den ersten Platz."

„Du gehörst einfach in die Schulmannschaft", meldet sich auch Ralf in deutlich ruhigerem Ton. „Ohne dich gewinnen die Mühlbergdelfine keinen Blumentopf."

„Keinen Hering", wird Ralf von Qadir korrigiert.

„Mit einem Blumentopf kann ein Delfin sowieso nichts anfangen."

„Und was ist mit dem Rausschmiss?", fragt Yvonne sauer. „Herr Gerhard kann mich nicht leiden."

„Am Nichtleidenkönnen liegt es nicht", schaltet sich Besi ein. „Ich habe mit ihm geredet. Nachdem er die Hintergründe kennt, würde er dich gerne wieder starten lassen. Aber leider hat er deine Startplätze inzwischen zwei anderen Mädchen versprochen."

„Dana und Tonja?" – „Sauerei!" – „Immer bevorzugt er seine Vierer!", macht die Klasse ihrer Empörung Luft.

„Weder Dana noch Tonja", beruhigt Besi die Kinder. „Herr Gerhard hat zwei Mädchen aus der 4a in die Mannschaft geholt. Wenn er die jetzt rausschmeißt, tut er denen auch unrecht."

„Sein Problem", sagt Ulli knallhart.

„Können wir weitermachen?", fragt Yvonne und drückt die Räuberpuppe Leo in die Hand.

Der schneidet eine Grimasse. „Unser Besuch im Safaripark ist ins Wasser gefallen, weil es das ganze Wochenende geregnet hat. Das einzig Lustige war der Piratenfilm im Fernsehen …"

„Der mit der Seeschlacht?", ruft Zacharias.

Leo nickt.

„Der war echt geil", sagt Zacharias. „Wie die sich mit ihren Messern quer im Mund übers Schiff geschwungen haben …"

„Nicht schon wieder einen Film", fleht Besi. „Und schon gar keinen, der echt geil ist. Was auch immer das in diesem Zusammenhang bedeuten mag."

„Dasselbe wie voll krass", sagt Ulli.

„Oder vielleicht cool?", fragt Besi zweifelnd.

„Nein, cool ist mega-out", belehrt Ulli seine Lehrerin.

„Dann bin ich gespannt, wie lange sich voll krass halten wird", schließt Besi das Thema ab.

In der Pause trifft sich die halbe 3a wie immer bei den Büschen vor den Fenstern ihres Klassenzimmers. Yvonne wird bedrängt, die angebotenen Startplätze doch anzunehmen. Vor allem Ulli möchte, dass sie mitschwimmt. Sie soll gefälligst nicht nur an sich denken, sondern auch an die Schule. „Ohne dich braucht die Mannschaft gar nicht erst anzutreten“, sagt er.

„So schlecht sind unsere anderen Mädchen auch wieder nicht“, widerspricht Qadir.

Yvonne blickt in die Runde. Natürlich wäre es schön, wieder richtig dazuzugehören. Trotzdem möchte sie das gut gemeinte Angebot nicht annehmen. Sie hat ihre Gründe dafür.

Am Wochenende haben Yvonne, Mama und Frau Besenbinder lange geredet. Stunde um Stunde. Es wurden Pläne erstellt, bei wem Yvonne an welchen Wochentagen Mittagsgast sein könnte, damit Frau Novak ihre Tochter gut aufgehoben weiß und unbesorgt zur Arbeit gehen kann. Zwischendurch haben sie auch gespielt und sogar gelacht.

Irgendwann hat Besi Yvonne eine entscheidende Frage gestellt: „Kann es sein, dass es dir viel wichtiger wäre mitzuschwimmen, wenn dein Papa zuschauen würde?“ Yvonne wurde es heiß im Bauch. Sie fühlte, dass die Lehrerin ins Schwarze getroffen hatte: Yvonne wollte vor allem Papa beweisen, wie gut sie ist. Damit er zurückkommt.

Inzwischen ist ihr klar, dass sie sich besser keine falschen Hoffnungen macht. Papa kommt nicht mehr zurück. Im Augenblick ist er sogar wirklich auf Geschäftsreise. Er kann am Dienstag also ganz sicher nicht zuschauen. Alles in allem hätte Yvonne ein fürchterlich schlechtes Gewissen, wenn sie anstelle ihrer Freundinnen starten würde.

„Ich möchte wirklich nicht“, sagt sie nun entschlossen. „Aber ich frage Besi, ob ich als Zuschauerin mitkommen darf. Dann feure ich euch so laut an, dass ihr unmöglich verlieren könnt.“

Zwanzig Minuten später ist erneut alles ganz anders.

10. Kapitel

Herr Gerhard freut sich

Es klopft. Besi wendet sich zur Tür. „Herein!"

Herr Gerhard steckt den Kopf ins Zimmer. „Stör ich?"

Sofort wird überall getuschelt: „Was will der denn hier?" – „Fiesling." – „Gleich gibt's Zoff."

„Wie man's nimmt", antwortet Besi.

Der Lehrer der 4b kommt herein. Sein Blick schweift über die Klasse und bleibt bei Yvonne hängen. Sie kramt in ihrer Schultasche, als würde sie etwas suchen.

„Ich hab gute Nachrichten, Yvonne", sagt Herr Gerhard freudestrahlend. „Manuela hat sich den Arm gebrochen."

„Das darf doch nicht wahr sein!", schimpft Qadir, als er erfährt, dass nun auch noch das schnellste Mädchen der Bruststaffel ausfällt.

Besis Gesichtausdruck verdeutlicht, dass sie ernsthaft am Verstand ihres Kollegen zweifelt. „Kannst du mir verraten, was an dieser Nachricht gut sein soll?", fragt sie.

Erst jetzt begreift Herr Gerhard, was für einen Unsinn er geredet hat. Er lacht verlegen. „Ha! Das war jetzt wirklich blöd ausgedrückt. Manuelas gebrochener Arm ist natürlich bedauerlich. Eigentlich wollte ich Yvonne nur mitteilen, dass über 25 Meter Brust und in der Bruststaffel ein Platz frei ist. Ich würde mich freuen, wenn du doch mitschwimmst."

„Wehe, wenn nicht!", ruft Qadir.

„Yvonne! Yvonne! Yvonne!", feuert die ganze Klasse sie an.

Yvonne nickt. „Okay."

Herr Gerhard zwinkert ihr zu. „Aber nicht im Bikini", sagt er und lacht. Als Einziger.

„Scherzkeks", sagt Ulli, als er draußen ist, freut sich aber genau wie alle anderen, dass Yvonne dabei sein wird.

Bevor die vierundzwanzig Kinder der Schulmannschaft am nächsten Vormittag in den Bus steigen, um zum größten Schwimmbad der Stadt zu fahren, verteilt Schulleiter Dieckmann die roten Badekappen. Mit großem Trara werden die Schwimmstars verabschiedet. „Müüühl-berg-delfiii-ne!", brüllen Dutzende Kinder dem abfahrenden Bus hinterher.

„Halt! Ich muss noch raus!“, ruft Leo zum Busfahrer nach vorn. Eigentlich wollte er den Schwimmkindern der 3a nur das Klassenmaskottchen mit auf den Weg geben und bei der Gelegenheit Pias Rucksack tragen. Nun steht er im Bus auf der hinteren Treppe vor geschlossener Tür.

„Psst. Komm einfach mit“, raunt ihm sein Bruder zu. Lars geht in die 4b, ist aber einer der wenigen netten dieser Klasse.

„Meinst du echt?“, fragt Leo zweifelnd.

„Wir haben alle gehört, dass du aussteigen wolltest“, sagt Pia. „Nur der Busfahrer nicht.“

„Falls jemand fragt“, sagt Ulli, „ist Leo unser Maskottchen. Ist doch voll krass, oder?“

Trotz aller Konkurrenz zwischen den Klassen herrscht kurz vor dem Wettkampf gute Stimmung im Bus. Als die Kinder das riesige Schwimmbad erreichen, weicht die Ausgelassenheit steigender Nervosität. Massenweise strömen Konkurrenten in die Umkleideräume. Jetzt nur nicht einschüchtern lassen, sonst können die Schüler ihr Ergebnis vom Vorjahr garantiert nicht verbessern. Damals wurde die Mühlbergschule in der Gesamtwertung Fünfte.

Wie üblich wird in den Umkleideräumen der Jungs geprotzt und gegockelt. Ulli und Qadir

ziehen erneut die Muskelkater-Nummer durch und erzielen prompt das gewünschte Ergebnis: mitleidige Blicke von allen Seiten. Es kann nicht schaden, wenn sich die anderen in Sicherheit wiegen.

Bei den Mädchen wird das Gockelgehabe durch kaum zu überbietendes Geschnatter ersetzt. Es

geht zu wie auf dem Hühnerhof. Auch in der Halle herrscht ein Höllenlärm. Erst als die Wettkämpfe beginnen, wird es jeweils zum Start mucksmäuschenstill. Doch kaum sind die Kinder im Wasser, werden sie angefeuert und ins Ziel gebrüllt.

„Meine Mama!“, ruft Corinna überrascht und winkt hinauf zur Cafeteria. „Mama! Hier!“

Frau Zeisig kann ihre Tochter hinter der dicken Trennscheibe zwar nicht hören, aber sie hat sie ebenfalls entdeckt, winkt gut gelaunt zurück und hält beide Daumen hoch. Dann signalisiert sie Yvonne, die neben ihrer Tochter steht, dass sie auch für sie beide Daumen drückt.

Trotz der freundlichen Geste von Corinnas Mama sieht Yvonne nicht gerade glücklich aus. Natürlich wäre ihr Beistand aus der eigenen Familie zehnmal lieber. Vor allem der ihres Vaters.

Dann wird es ernst. Die Anfangsgruppe der Mühlbergschule schlägt sich über 25 Meter Kraul recht ordentlich. Stefanie ist die erste Schwimmerin aus der 3a und startet über 25 Meter Kraul im zweiten Jahrgang. Mit konzentrierter Miene setzt sie die rote Badekappe auf. Wie schon bei den ersten Schwimmern brüllen die Mühlbergkinder Stefanie ins Ziel. Mit hauchdünnem Abstand schlägt sie als Zweite an.

„Sauber“, sagt Leo, der alle Rennen genau verfolgt. „Bis jetzt sind wir richtig gut dabei.“

Auch Ralf macht seine Sache gut. Jede Starterin und jeder Starter der Schule wird angefeuert. Bald sind die Kehlen heiser. Bei Yvonnes Ersatzschwimmerin über 25 Meter Kraul hilft leider alles Anfeuern nichts. Sie lässt sechs von sieben Konkurrentinnen den Vortritt.

„Du hättest garantiert alle abgehängt“, sagt Qadir missmutig zu Yvonne.

Bis zu diesem Zeitpunkt hat sich Yvonne von der ausgelassenen Stimmung mitreißen lassen. Aber bei diesem letzten Rennen, das eigentlich ihres gewesen wäre, gewinnt die Traurigkeit in ihr wieder die Oberhand. Auch ihr ist klar, dass sie als Siegerin aus dem Wasser gestiegen wäre.

„Muss eben Ulli das Ding wieder umbiegen“, sagt Leo. Seine Stimme überschlägt sich bereits vor Heiserkeit.

Die Kinder peitschen Ulli mit Gebrüll durchs Becken. Erneut schwimmt er persönlichen Rekord und Tagesbestzeit. In der kurzen Pause vor den Brustwettbewerben werden die Zwischenstände bekannt gegeben. Die Mühlbergschule liegt auf Platz vier. Enttäuschte Gesichter. Eigentlich wäre mehr drin gewesen. „Kann gar nicht sein“, krächzt Leo. „Nach meiner Rechnung sind wir mindestens Dritte.“

Schon geht es mit dem jüngsten Jahrgang im Brustschwimmen weiter. Das wichtigste Rennen des Tages. Findet Leo.

„Auf die Plätze.“ Pia steigt auf den Startblock. „Fertig.“ Pia beugt sich vor. Der Start erfolgt nach kurzem Hupton. Der Lärmpegel schwillt an. Leo brüllt, was sein Hals noch hergibt. Während Pia tatsächlich gewinnt, geht Leo etwas verloren: seine Stimme. Nach dem Rennen kann er nicht einmal mehr krächzen. Aber Hauptsache, Pia hat es geschafft!

„Papa!“, ruft Yvonne plötzlich und kann es kaum fassen. Wie zuvor Frau Zeisig winkt nun Herr Novak seiner Tochter zu. Strahlend vor Glück, ihn nach über vier Wochen wiederzusehen, winkt Yvonne mit beiden Händen zurück und rennt die Treppe zur Cafeteria hinauf.

„He! Du kannst doch jetzt nicht abhauen!“, ruft Ulli.

„Lass sie“, sagt Corinna.

„Aber sie ist gleich dran!“ Ulli sieht alle Chancen der Schule schwinden.

„Wenn ihr Papa zuschaut, kommt sie garantiert pünktlich zurück“, erwidert Corinna.

Und mit dieser Einschätzung liegt sie vollkommen richtig. Kaum hat auch Qadir sein Rennen siegreich nach Hause geschwommen, kommt Yvonne herunter zu den Startblöcken.

„Sieh zu, dass du an mir dranbleibst“, sagt Yvonne zu Corinna, die neben ihr startet.

„Coryvonna! Coryvonna! Coryvonna! Coryvonna!“, vermischen sich nur wenige Augenblicke später die Namen der beiden Mädchen im Gebrüll der Mühlbergkinder.

Erwartungsgemäß schlägt Yvonne als Erste an. Sofort blickt sie hinauf zu ihrem Papa. Der ballt die Siegerfaust. Yvonne klatscht glücklich aufs Wasser.

Corinna wird Zweite, ebenfalls mit persönlicher Bestzeit. Also ein Doppelsieg für die Mühlbergschule!

Vor den abschließenden Staffeln liegen die Delfine auf Rang zwei. „Ihr seid spitze, Kinder“, sagt Herr Gerhard. „Nur 1,5 Sekunden hinter den Besten.“

„Wenn Yvonne auch beim Kraulen gestartet wäre, würden wir vorn liegen“, krächzt Leo.

Herr Gerhard überhört den Vorwurf. Vielleicht liegt es an der Lautstärke in der Halle. Vielleicht liegt es auch daran, dass Leo ohnehin kaum noch zu verstehen ist. Es ist allerdings auch möglich, dass Herr Gerhard den Vorwurf nicht hören will. Durch Yvonnes Rausschmiss hat er eindeutig den Erfolg der Schulmannschaft aufs Spiel gesetzt.

Und es kommt noch schlimmer: Obwohl Ulli als Schlussschwimmer in der Kraulstaffel seine Bestzeit noch einmal unterbietet, schlägt die Mannschaft der führenden Schule vor ihm an. Yvonnes Ersatz hat den Startsprung vermasselt. Die anderen waren längst im Wasser, als sie endlich kapiert hat, dass das Rennen bereits läuft. Der Abstand zur besten Schule beträgt nun drei Sekunden. Und eine weitere Schule ist nach diesem Schnitzer um vier Zehntel Sekunden an den Mühlbergdelfinen vorbeigezogen.

Leo kann nur noch flüstern. Er sagt etwas in Pias Ohr.

„Leo spendiert euch ein Eis, wenn ihr es noch schafft“, gibt Pia augenzwinkernd an die Kinder der Bruststaffel weiter.

Leo sieht sie entsetzt an. „Stimmt gar nicht!“, krächzt er.

Pia lacht. „War nur ein Witz. Leo meint, ihr sollt schwimmen, als wären Haie hinter euch her."

„Sowieso", sagt Qadir.

Yvonne sichert sich winkend noch einmal die Aufmerksamkeit ihres wichtigsten Zuschauers. Die Kinder der 4 x 25-Meter-Bruststaffel begeben sich an den Start.

Qadir, Leos Bruder Lars, Mirja aus der 4a und Yvonne. Das ist die Reihenfolge. „Auf die Plätze." Qadir steigt auf den Block. „Fertig." Das Hupzeichen! Mit ruhigen, kräftigen Zügen erarbeitet Qadir seiner Mannschaft einen Vorsprung. Den kann Lars mit seinem abgehackten Schwimmstil weiter ausbauen. Die Staffel der zweitplatzierten Schule ist weit abgeschlagen. Können die Delfine die drei Sekunden auf die Ersten wettmachen?

Der Wechsel zu Mirja – Leo und die übrigen Kinder zählen stumm die Sekunden zur rivalisierenden Mannschaft. Ein paar kommen auf vier, die meisten zählen drei Sekunden. Aber ohne Stoppuhr weiß es ohnehin keiner genau. Zug um Zug verkleinert Mirjas Gegnerin den Abstand.

Dann ist Yvonne im Wasser. Der Vorsprung ist auf etwa eine Sekunde geschmolzen. Wie soll Yvonne das schaffen? Ganz einfach – sie schwimmt, als wären Haie hinter ihr her. Rhythmisch wippt die rote Badekappe auf und nieder. Im Vergleich zu ihr scheinen alle anderen Blei in den Gliedern zu haben.

Yvonne schlägt an. Diesmal schaut sie nicht nach oben zu ihrem Papa. Sie schaut zur Nebenbahn, will den Anschlag ihrer Gegnerin sehen. Dann blickt sie zu den Zeitnehmern, die ihre Stoppuhren vergleichen. Sie nicken. Einer zeigt auf Yvonne und hebt den Daumen.

„Wie viel Vorsprung?“, ruft sie nach oben.

„3,6 Sekunden!“, antwortet Yvonnes Zeitnehmer.

Erst jetzt reißt Yvonne die Arme hoch. Erst jetzt blickt sie hinauf zu ihrem Papa, der sich in der Cafeteria mit ihr freut und mit ihr jubelt. Nun gibt es kein Halten mehr. Sekunden später ist die komplette Mannschaft im Wasser. Einschließlich Leo in Pullover und Hose. Yvonne, die Staffel, die ganze Mannschaft – alle haben gewonnen! Dieser Schwimmtag wird in die Geschichte der Mühlbergschule eingehen!

Beinahe selbstverständlich, dass dieser Sieg im *Dolomiti* gefeiert wird. Obwohl sich ihr Papa unmittelbar nach dem Rennen schon wieder verabschiedet, feiert auch Yvonne ausgelassen mit. Herr Novak hat hoch und heilig versprochen, dass sie sich von nun an regelmäßig sehen werden. Das erste Mal bereits am kommenden Wochenende.

Im *Dolomiti* nimmt Herr Gerhard Yvonne zur Seite. „Tut mir leid", sagt er, „dass ich dich so ruppig rausgeschmissen habe. Aber …"
Er zögert einen Augenblick.

Yvonne sieht ihn fragend an.

Er schüttelt den Kopf. „Ich will mich einfach nur entschuldigen. Ohne Wenn und Aber. Du warst total klasse heute."

Nur wenige haben Herrn Gerhards Entschuldigung mitbekommen. Einer davon ist Ulli. Fassungslos schüttelt er den Kopf. Das hätte er dem Gerhard nicht zugetraut. „Voll krass, ey“, sagt er anerkennend.

11. Kapitel

Schock für Besi

Den Rest der Woche werden die Mühlbergdelfine gefeiert, mit Verleihung der Urkunden und Pokalübergabe vor versammelter Schule. Die 3a ist mit Abstand die erfolgreichste Klasse. Und zwar stadtweit.

Nach dem Wochenende hält wieder der Alltag Einzug. Einmal mehr sitzen Besis Kinder im Montagskreis. Leo kann endlich vom Ausflug in den Safaripark berichten und auch Yvonne trägt wieder etwas zur Montagsrunde bei.

„Ich war das ganze Wochenende mit meinem Papa zusammen. Wir waren schwimmen und im Kino und …“, sie überlegt. „Ach, ich weiß gar nicht mehr alles. Das machen wir jetzt jedes zweite Wochenende“, schließt sie ihren Bericht ab.

„Es freut mich, dass deine Eltern eine Regelung gefunden haben“, sagt Besi.

„Hm“, macht Yvonne und nickt nachdenklich. Noch schöner wäre für sie natürlich, wenn ihr Papa noch bei ihr wohnen würde. Plötzlich funkeln ihre Augen. „Ach ja, noch was: Auf dem Heimweg zu Mama sind wir volle 100 gefahren."

„Pff", macht Zacharias. „Das Auto von meinem Papa fährt 240."

Yvonne verschränkt trotzig die Arme. „Darfst du dabei auch auf seinem Schoß sitzen und lenken?"

„Was?", fragt Besi entsetzt.

Yvonne nickt. „Wir waren aber angeschnallt."

Mit einem Schlag ist Besi kreidebleich. „Ich glaube, ich muss ganz dringend mit deinem Papa reden. Vielleicht fallen ihm auch ein paar Dinge ein, die nicht lebensgefährlich sind."

Leseprobe aus:

Werner Färber, Total klasse! Die 3a unter Verdacht

Schulausgabe erschienen im
Hase und Igel Verlag, Garching b. München
ISBN 978-3-86760-083-5
Begleitmaterial für Lehrkräfte
ISBN 978-3-86760-383-6
Hörbuch
ISBN 978-3-86760-645-5

Anton öffnet vorsichtig die Tür und wirft einen Blick in den Flur. „Beeilung, Putzig kann jeden Moment auftauchen“, raunt er Ulli und Jana zu. Anton meint den Hausmeister. Der heißt eigentlich Pelzig und ist mit Sicherheit nicht damit einverstanden, dass die drei gerade die Leiter aus der Putzkammer entführen. Aber ohne Leiter kommen sie nicht an den Deckenhaken. Die Klassenzimmer des alten Schulgebäudes sind über drei Meter hoch. Auf Zehenspitzen schleichen sie an Putzigs Glaskabine vorbei. Mit dem Hausmeister ist nicht gut Kirschen essen. Dass er Kinder nicht ausstehen kann, ist kein Geheimnis. Und gegen die von der 3a hat er eine ganz besondere Abneigung entwickelt.

Schon als sie um die Ecke biegen, hören Anton, Ulli und Jana, dass in ihrem Klassenzimmer am

Ende des Flurs das Leben tobt. Sie öffnen die Tür, der Lärm schwillt an. Die drei huschen ins Zimmer, um die Tür schnell wieder zu schließen.

Ein paar spielen Fangen über Tische und Stühle.

„Passt doch auf, wo ihr hintretet!", schimpft Frederike. Beinahe hätte einer ihr Pausenbrot platt gemacht.

„Halt die Klappe!", bekommt Frederike zur Antwort.

Dass es in der 3a hoch hergeht, ist normal. Schon als Erstklässler waren die Kinder kaum zu bändigen. Spätestens seit dem zweiten Schuljahr hat die Klasse den Ruf, der Schrecken der Grundschule zu sein. Zumindest beim Hausmeister. Aber auch mit anderen Klassen gab es Zoff. Vor allem die 4b kann es kaum ertragen, dass sich die Kinder der 3a mehr Gespräche zwischen Schulleiter und Eltern eingehandelt haben als sie. Sicher wird sich dieser Wettstreit zwischen den beiden Klassen auch in diesem Schuljahr fortsetzen.

Heute, am ersten Schultag nach den Sommerferien, ist die 3a gespannt auf die neue Lehrerin. Alle hoffen, dass sie netter ist als ihre Vorgängerin. Die konnte kaum jemand leiden. Während ein paar Kinder weiter durchs Zimmer turnen, beobachten die meisten anderen, wie Anton, Ulli und Jana die Leiter aufklappen und vor die Tür stellen. Benno füllt einen Eimer mit Wasser und Ilona entwirrt eine verknotete Schnur.

„Macht schon“, drängt Ulli, der inzwischen auf der Leiter steht. Er lässt sich von Leo den Wassereimer reichen.

„Ups“, sagt Ulli. Fast hätte er das Gleichgewicht verloren. Er stellt den Eimer auf das Regalbrett über der Tür, befestigt die entwirrte Schnur am Henkel und fädelt sie durch den Deckenhaken. An dem hing vergangenen Dezember der Adventskranz. Ulli lässt das lose Schnurende fallen. „An die Türklinke binden. Aber straff.“

„Alles klar“, sagt Jana. Sie zieht vorsichtig an der Schnur. Der Eimer rutscht ruckweise in Richtung Brettkante.

„So wird das nichts“, sagt Ilona. „Der muss sofort umkippen, wenn man die Klinke drückt. Sonst merkt sie was.“

„Und wenn wir hinten was unterlegen?“, schlägt Jana vor.

„Spendier uns mal deinen Ratzefummel“, sagt Anton zu Leo, der sich inzwischen hingesetzt hat.

„Ja klar, nimm ruhig“, sagt Leo.

Frederike hockt mit düsterer Miene an ihrem Platz. „Ihr spinnt. Das könnt ihr nicht machen.“

„Ach nein?“ Ulli schiebt Leos Radiergummi von hinten unter den Eimer. „Zieh noch mal.“

Jana zieht. Der Eimer rutscht nicht mehr, er kippt. Beinahe schwappt das Wasser über.

„Nicht so doll! Sonst taufen wir uns selber.“ Ulli springt von der Leiter.

Die meisten finden den Streich klasse. Ein paar nicht, aber die trauen sich nicht einzugreifen.

Anton steht mittlerweile Schmiere. „Sie kommt!“